Désordres

Amarante

*Cette collection est consacrée aux textes
de création littéraire contemporaine francophone.*

*Elle accueille les œuvres de fiction
(romans et recueils de nouvelles)
ainsi que des essais littéraires
et quelques récits intimistes.*

*La liste des parutions, avec une courte présentation
du contenu des ouvrages, peut être consultée
sur le site www.harmattan.fr*

Elsa Montensi

Désordres

Lettre à un père

Roman

© L'Harmattan, 2012
5-7, rue de l'Ecole-Polytechnique, 75005 Paris

http://www.librairieharmattan.com
diffusion.harmattan@wanadoo.fr
harmattan1@wanadoo.fr

ISBN : 978-2-296-57030-6
EAN: 9782296570306

« Écrire déchire la compulsion de répétition du passé dans l'âme.
À quoi sert d'écrire ?
À ne pas vivre mort. »

    Pascal Quignard, *La barque silencieuse*

« Ne pas railler, ne pas déplorer, ne pas maudire, mais comprendre. »

    Spinoza

Tu préfères le corps des hommes à celui des femmes. Tu es né ainsi. Tu n'as pas choisi. Mais il y a la société, le poids de son regard. Un regard trop lourd à porter. Celui de la différence. À vingt-trois ans, tu fais le choix de te marier. Pendant neuf ans, tu fais semblant, mènes une double vie. L'engrenage est enclenché, tu pousses la comédie jusqu'à faire un enfant.

1971, je naîtrai de ce mensonge. Il faudra attendre encore quatre ans avant que la vérité n'éclate au grand jour.

Une vérité synonyme de honte.

Tu es homosexuel, nous sommes au cœur du monde rural au début des années 70.

J'aurais pu rester dans l'ombre, mais les mots ne m'ont pas laissé le choix, ils voulaient sortir, voir le jour.

Je lève le voile sur ce qui ne se montre pas, je tourne à l'envers du temps les pages d'un carnet vieux de quarante ans.

Je dis ce qui ne se dit pas, ce qui d'ordinaire doit rester tapi au fond des mémoires et des corps.

J'écris pour que la honte et le silence n'aient pas le dernier mot. J'écris pour oublier.

Naître d'une pantomime, drôle d'entrée en matière. Je suis arrivée dans un univers factice, avec pour seul élément réaliste le décor. Ton rôle de père de famille, inventé de toutes pièces pour les besoins du scénario que tu écrivais chaque jour à l'insu de ton entourage. Toi seul connaissais les dessous de la scène.

Personne ne se doutait de rien. Personne n'aurait pu imaginer pareil mensonge. On pourrait invoquer un mauvais rêve.

Je reste la preuve que tout ceci a bien existé, je rappelle ce que les mémoires auraient voulu effacer.

Avec toi, la honte est entrée dans la famille.

Avec moi elle n'a pu en ressortir.

Ma présence l'a retenue prisonnière.

Sous mes traits, elle s'est incarnée.

Tu sais si peu de moi, ma date de naissance, mes premières années. Le reste tu l'as vécu en pointillé. Suis-je aujourd'hui plus qu'un point, à peine visible à l'horizon quand tu te retournes sur ta vie ?

Les quatre premières années, tu es à mes côtés. Trop, parfois. Tu pressens la chute. Ta solution, profiter pleinement de chaque instant avec ta fille. La corde se rompra bientôt. Tu ne pourras maintenir bien longtemps ce numéro de haute voltige. Le corps, l'esprit se fatiguent, ne peuvent plus se plier aux mêmes contraintes avec l'âge. D'ici peu, tu ne me verras plus chaque matin, ne me prendras plus dans tes bras, ne me raconteras plus d'histoires. M'en as-tu d'ailleurs déjà raconté ?

Nos vies sont faites de moments éphémères, fugaces, qui nous glissent entre les doigts. Ce qui est ne sera bientôt plus.

Pendant neuf ans, une vie ordinaire, la tienne, la nôtre, s'est offerte aux regards, l'honneur était sauf. Tu es le seul à avoir figé des instantanés de cette période, mais dans tes albums, aucune photo de nous trois ensemble, personne n'y croyait. Cette famille n'était qu'une illusion. Il n'en reste que des chutes éparses.

Le *nous* demeure une terre inconnue dont j'ignore les rites. Elle me fascine, m'attire tout autant qu'elle me terrifie. Un père, une mère, des enfants, le format classique de la famille rime avec sécurité, stabilité. Avec enfermement aussi. Il réveille cette foutue peur d'être prise au piège avec l'impossibilité d'en sortir. Je connais trop la phobie du banal. Mais la liberté a un prix, je reste un électron libre qui n'a eu longtemps nulle part où se poser.

Notre famille n'était qu'un leurre auquel chacun a voulu croire, toi le premier.

Tu l'as répété si souvent, si ma mère avait été différente, tu serais resté avec elle. Tu oublies ce détail, tu n'aimes pas les femmes. Elles ne provoquent en toi aucun émoi. Les hommes sont les seuls à avoir ce pouvoir. Notre famille avait le goût de l'éphémère et ne pouvait se conjuguer qu'au passé. Tellement fugace.

Des traces inconscientes qui en subsistent, aucune qui ne soit remontée à la surface, à laquelle j'aurais pu me raccrocher.
Ces années ont-elles seulement existé ?

Une grande liberté dans ton travail, les moyens te sont donnés d'inventer ta seconde vie. Celle que tu aimes vraiment. La journée pour retrouver des hommes, le soir pour remettre ton costume d'homme marié, de bon père de famille. Entre les deux, le grand écart. D'un côté, des lieux de rencontres fugitives, de l'autre la sécurité, la chaleur d'un foyer qui n'en porte que le nom. Deux vies parallèles qui n'ont aucune chance de se croiser. L'une, très active, à laquelle tu réserves les vrais mots d'amour, la tendresse, les attentions délicates. L'autre terriblement banale. Une vie de plaisir qui pèse bien plus lourd que celle-là faite de contraintes et de non-dits.

Comment fais-tu chaque soir pour retrouver cette femme qui ne se doute de rien ? Sais-tu lui mentir jusqu'à inventer des mots d'amour qui ne veulent rien dire ? Comment peux-tu la toucher quand le sexe féminin ne suscite en toi que dégoût, mépris ? Qu'as-tu à l'esprit ce jour d'avril où tu l'épouses ? Questions restées en suspens.

Quel sens donner à ce mariage ? Pourquoi cette mascarade ? Tu aurais pu rester célibataire. Vieux garçon, tu n'aurais pas éveillé les soupçons.

Face à mes questions, des réponses à ton image, troubles. Un jour, tu évoques une promesse faite à ta grand-mère sur son lit de mort, celle de te marier pour faire comme tout le monde. Peu de temps après, tu nies, assures n'avoir jamais mentionné ça. Une autre fois encore, tu prétendras avoir voulu un enfant. Est-ce bien si sûr ? Tu sembles inconscient de tes mobiles. Etais-tu à ce point le jouet de tes zones d'ombre ?
Tu emporteras avec toi les clefs de l'énigme. Je continuerai à avancer avec le vertige et le vide de celle qui ignore le sens de son existence.

De ces quatre années tous les trois ensemble, il reste quelques empreintes invisibles. Tout était faux. Je l'ai toujours su. Quelque chose ne collait pas. Je flairais l'absurdité, le non amour. Les neuf premiers mois, et ceux qui ont suivi, j'ai baigné dans le mensonge. Trop d'interrogations irrationnelles. J'émettais nombre d'hypothèses.

Passer de l'autre côté du miroir, connaître l'envers du décor. Le reste m'indiffère. Peu importe ce que l'autre montre, je cherche l'accès de cet espace où il se dissimule. Là est notre vérité, dans ce que nous cachons, enfouie sous des tonnes de gravats. Pour extraire la tienne, la nôtre, il n'y a que des pelletées de mots.

De la première rencontre avec ma mère jusqu'à votre divorce, douze années de faux-semblants. Douze ans, où à l'instar de Jean-Claude Romand[1], tu sembles ne plus pouvoir faire marche arrière. Ton désir pour les hommes est insatiable, il t'en faut toujours plus. Tu n'ignores rien des lieux de rencontres éphémères. Pour cela, tu peux sillonner tout le département. Chaque jour à t'enfoncer plus profondément dans le mensonge. Pour sortir de cette existence de pacotille, le salut ne pourra venir que de l'extérieur. Il arrivera en novembre 1975.

---

[1] Jean- Claude Romand a mené une double vie pendant dix-huit ans. Sans travail, il se fait passer pour un médecin et chercheur au sein de l'OMS, ment à sa famille et à ses proches qui ne se doutent de rien. En 1993, il rencontre de gros problèmes d'argent. Acculé, avant que la vérité n'éclate au grand jour, il assassine sa femme, ses deux enfants et ses parents.

La nudité des corps, c'est par elle que tu seras trahi. Par elle que tu seras délivré des faux-semblants. Novembre, un vent glacial, une heure tardive, tu n'es pas encore rentré. Ma mère cherche une paire de chaussures. Ne la trouve pas. À l'intérieur du carton, pas de bottes. Des clichés. Des dizaines, des centaines de photos. Des hommes. Nus. Dans des positions suggestives. Aucune ambiguïté possible.
Tu aimes le corps des hommes.
Passionnément. Eperdument.

Le détonateur que tu attendais pour te libérer de ton carcan familial vient de se déclencher. Dans quelques heures, tu seras libre. Ce moment de délivrance, tu l'espérais. Tes amours interdites, tu vas enfin les vivre au grand jour.

Deux lignées. Un même schéma. Du côté maternel ou paternel, dans la mort ou pour un autre amour, les hommes disparaissent prématurément, laissant derrière eux des femmes seules. Des femmes fortes.

Revivre avec un homme, cela ne se fait pas. Une femme respectable sait rester seule. Divorcée à vingt-six ans, ma mère ne refera pas sa vie. Fin de sa vie amoureuse.

Le jour de ma fête, tu pars. De cette journée ne subsiste que l'image de ta voiture pleine de cartons, de meubles. Aucun mot, du silence uniquement.

Je ne pose aucune question. La déchirure était trop vive pour nous qui te regardions t'éloigner.

Tu es parti.

Sans un regard pour nous, tu as rejoint cet autre qui t'attendait quelque part dans un hôtel sur la côte. Ma mère reste là, hébétée. Sa vie vient de voler en éclats. Elle la regarde comme on regarde les morceaux d'un vase qui vient de se briser au sol.

Tu te dépêches de sortir d'une vie qui n'était pas la tienne.

Aucune vie ne sera jamais en ordre. Il y a ton absence, mais pas seulement. L'essentiel de mon temps, je le passe à craindre le regard des autres, par tous les moyens, je le fuis, j'évite les situations où il est impossible de m'y soustraire. Des années à me cacher, surtout ne pas attirer l'attention, masquer, dissimuler ma différence, faire en sorte qu'elle ne soit pas visible. Je voudrais être comme les autres, je désire la même vie qu'eux, vivre dans une famille normale, ne pas avoir à tenir la main de deux hommes, ne pas voir ces corps masculins, allongés, nus sur les plages, ne plus subir les moqueries, les humiliations. Impossible.

J'ai endossé le poids d'une faute imaginaire qui ne m'appartenait pas.

J'ai reçu la honte en héritage.

La tienne, mais aussi celle de toute une famille.

La nôtre, éclatée, meurtrie.

J'ai quatre ans.

À l'école primaire, une mère refuse que sa fille continue à s'asseoir à côté de moi. Sous prétexte que mon père est homosexuel, je pourrais être lesbienne, dévergonder sa progéniture.
Mes seules armes, les sourires. Sourire. Et puis me taire. Un moyen comme un autre de me frayer un chemin dans une vie où je ne trouve pas ma place.

*

Un samedi sur deux, tu viens me chercher avec M., les voisins passent volontairement dans la rue à ce moment-là pour vous voir tous les deux. Tu es l'attraction du week-end. Je n'ai pas sollicité de rôle, à mon insu je fais partie du spectacle, je suis autant que toi sur le devant de la scène. Un samedi matin sur deux, j'ai mal au ventre, je n'arrive plus à me concentrer pour la dernière heure de classe. Sur le bulletin trimestriel, la prof de maths notera « élève faisant preuve de mauvaise volonté, ne travaillant pas régulièrement ».
Je ne dis rien, je me tais.
Parler ne sert à rien, parler aggrave les choses.
Je déteste les mathématiques.

Deux ans après votre divorce, l'autre homme de ma vie meurt. Mon grand-père maternel se laisse emporter par un cancer. Ses funérailles me seront interdites. Trop jeune pour être confrontée à la mort. Les adultes oublient, la mort ne se limite pas au corps physique. La mort est présente chaque fois que la vie nous enlève, nous arrache ce qui nous est cher, dès que l'on perd ce à quoi l'on est attaché. La mort m'est déjà familière. J'ai six ans. L'âge où toi-même as perdu ton père.

En même temps qu'il part, mon grand-père introduit un autre tabou dans la lignée maternelle. Le cancer. Le premier de la famille. Beaucoup d'autres suivront par la suite, celui-ci marquera les mémoires. Sa mère évoque la honte de voir son fils mourir d'un cancer, mais n'épanche pas son chagrin. Le regard du voisinage prend le pas sur le deuil. J'entraperçois une stratégie pour faire diversion, un moyen d'étrangler le cri de douleur d'une mère confrontée à la perte de son troisième enfant. Une mère qui survivra à la mort de sa fille de six ans, au décès de ses deux fils. Survivre à ses enfants, cruelle destinée.

La mienne sera autre. Des hommes sont entrés dans ma vie, laissant chaque fois une trace plus ou moins vivace. Aucun n'a laissé plus qu'une amitié, un collier de souvenirs. Je n'ai pas eu d'enfant, je n'en aurai pas. J'emporterai avec moi les dernières traces de l'oubli.

Le jour où tu m'as présenté ton compagnon, je l'ai oublié. Oubliées aussi les premières fois où tu viens me chercher. Le blanc de l'oubli s'est glissé dans ma mémoire, il recouvre les premiers mois de ton absence. Entre cette image de ta voiture pleine de meubles et de cartons, et les vacances en bord de mer l'été suivant, l'amnésie s'est installée.

Tiraillée entre une femme meurtrie et deux hommes libres, je suis prise dans une tempête dont j'ignore la durée. Chaque jour j'espère l'accalmie. Elle ne vient pas.

Face à l'âpreté du dehors restent les plaisirs minuscules, démultiplication de ces poignées de secondes savourées à la dérobée. À l'ombre des haies, sous les herbes folles, dans les champs abandonnés, je suis protégée. Nuages m'entraînant dans leur course folle, coccinelles à apprivoiser. Rares instants éclaboussés de rires. La nature ne juge pas.

La vérité ne tient pas dans une formule. Elle réside dans le poids des regards qui jugent, condamnent, dévalorisent, mais jamais ne comprennent. *Normal,* un mot que l'on se prend en pleine gueule. *Ton père n'est pas normal. Tu n'es pas normale.* Quand on est différent, on se tait. Sous le poids des regards, il est trop risqué de détester. Se rebeller reste hors de portée. J'ignore encore que l'ironie est l'arme des plus faibles.

Différent, avec pour synonymes *inférieur*, *moins bien que les autres*. Raser les murs, mettre en veilleuse. Se faire toute petite, se faire oublier. Comme autant d'options à privilégier. Devenir une ombre, un fantôme qui passe en filigrane dans la vie des autres. À l'école, dans la rue. Partout. S'abaisser, s'incliner.

Je scrute les enfants, les adultes autour de moi. Je veux pouvoir anticiper de nouvelles catastrophes. Les prévoir, m'y préparer avant qu'elles n'arrivent.
Ne plus être le jouet du destin.

La fin des années soixante-dix rime avec opulence. Chaque année tu changes de voiture. Une, pourtant modeste, reste gravée dans ma mémoire. La Renault Cinq jaune citron. T'en souviens-tu ? Elle ne représente rien en vérité, son seul mérite est d'être associée à un épisode cuisant. Était-ce un départ en week-end ou pour les grandes vacances ? À quelques kilomètres à peine de la maison maternelle, toute à ma joie de te retrouver, impatiente, je ne tiens pas en place sur la banquette arrière, m'avance entre les deux sièges avant malgré ton interdiction, et, fière du mot qu'un ami de ma grand-mère m'a appris et recommandé de te dire, je te demande croyant t'impressionner, te faire plaisir, te rendre fier avec ce nouveau mot de vocabulaire que je crois être précieux dans la bouche d'une si petite fille, sept ans à peine, je te demande *dis papa, c'est vrai que tu es une tapette ?* Gifle magistrale en retour, assortie de ces mots sans appel *ne redis plus jamais ça*. Choc, incompréhension. L'incident est clos. Nous n'en reparlerons jamais plus. La seule chose que tu me demanderas est *qui t'a dit ça ?* Je croyais détenir là un mot rare qui serait comme un cadeau pour toi. J'ignorais sa signification. Les adultes se livrent à de drôles de jeux, et sans scrupules se jouent des enfants.

À mon retour dans le camp maternel, on me demandera si je te l'ai dit ce fameux mot, quelle a été ta réaction. Amnésie concernant ma réponse.

Quand on me parle de toi, *ton père* est fréquemment remplacé par *la tapette*.

Je suis la fille d'une tapette.

J'apprends de nouvelles règles, je joue à cache-cache avec la vérité, ne confie rien des pluies de quolibets qui s'abattent sur ta fille dans le voisinage ou à l'école. Je te vois fragile, vulnérable. Les ragots te meurtrissent, t'accablent. Ils ont commencé précocement dans ta propre famille, n'ont pas cessé par la suite. T'épargner, protéger mes deux parents, la mission que je me suis fixée. À laquelle je me donne corps et âme.

J'ai juste à parler, témoigner devant un juge pour enfants. Au moindre écart, tu ne partageras plus la garde pour la moitié des vacances et un week-end sur deux. Je ne dis rien, rien qui puisse se retourner contre toi. Je te protège, couvre tes frasques. Je raconte, un peu, glisse sur les détails qui pourraient jouer en ta défaveur.

Ta chambre, la pièce noire de la maison. Libre d'accès, je n'y entre pas. Au mur des éphèbes triés sur le volet, positions lascives, sexes XXL. Sur les lieux de vacances, en guise de tapisserie murale, dans tes conversations, des hommes. Nus.

Je connais cette fascination des corps, elle m'est venue pour d'autres raisons que toi. J'aime les films de Chéreau, la beauté plastique de la chair, la manière dont elle prend et renvoie la lumière.

Les corps disent tout.

Dans les villes, j'aime passer des heures en terrasse, les voir déambuler, se frôler sans jamais se rencontrer. J'imagine la vie de ces corps anonymes, de ces êtres pris dans une autre vie dont je ne sais rien. Mais les tiens, même s'ils ne sont que de papier, me sont moins sympathiques.

Les premières années, il y a cet hôtel pour les vacances d'été. Un quatre étoiles où nous vivons incognito. Parfois je dors sur un petit matelas installé dans la baignoire d'une suite. Vous êtes à l'autre bout de l'hôtel, dans le petit appartement réservé au gérant, en l'occurrence, M.

Je ne pose pas de questions, m'adapte à cette nouvelle vie.

Je joue à faire comme si, « on dirait que » je serais hôtesse d'accueil, femme de ménage, serveuse. Je reste parfois à la réception, aide à nettoyer les chambres, apporte le petit-déjeuner. Un grand hôtel comme terrain de jeu, de jolies chambres où sont venues dormir des personnes célèbres, un jardin intérieur magnifique, des suites luxueuses, tout ça pour moi.

Après l'hôtel, il y aura cette maison dans une autre station balnéaire, votre nouveau lieu de vie pour les vacances. Un jardin, une balançoire, un salon avec un lit rentrant où je dors, son fauteuil en skaï blanc dans lequel je reste des journées entières à lire. Je ne pense à rien. Rien d'autre que mes lectures, mes jeux solitaires.

Le schéma traditionnel de la famille garde un air d'étrangeté. Encore plus fort quand elle n'est pas éclatée. Être invitée au sein de l'une d'elles , me voici assurée de perdre mes repères, de me retrouver face à l'inconnu. Cette famille-là existerait donc bel et bien, ne serait ni un mensonge, ni un rêve. Vertigineux.

Que faire alors de toutes ces années ? Aurais-je vécu dans un décor de carton-pâte? D'un côté, deux hommes ; de l'autre, deux femmes, une mère et sa fille. Passage d'un univers à l'autre, sans transition. Contraste saisissant.

Un profond ressentiment vis-à-vis des hommes dans la lignée maternelle, ton dégoût des femmes, transmissions qui condamnent aux relations impossibles. L'équation s'annonce insoluble.

Secrètement, je rêve de cette famille où les gens s'aiment, se soutiennent, s'engueulent, se prennent dans les bras, grandissent ensemble.

Ensemble, autre mot vertigineux, inaccessible.

Je vous observe, m'interroge. Si tu n'aimes pas les femmes pourquoi vis-tu avec un homme qui s'évertue à jouer la femme ? Pourquoi chercher à féminiser ta gestuelle, ce côté efféminé, c'est lui qui te trahit quand tu cherches à passer incognito. Chaque fois que tu vas au travail, tu changes d'attitude, comme si tu devais t'endurcir, être un autre. De retour à la maison, tu enlèves ton masque pour redevenir celui que tu es vraiment. Un homme qui aime les hommes.

À force de les voir, allongés, nus, sur les plages naturistes où nous allons chaque été, l'anatomie des hommes n'a plus de secret pour moi. Je pourrais les dessiner les yeux fermés, retrouver chaque détail, le contraste de la lumière sur chacun de leurs muscles. Je les observe, les trouve un peu ridicules quand ils courent sur la grève. Leurs yeux qui se cherchent, leurs escapades dans la forêt de pins, le manque de pudeur quand ils se promènent le sexe en érection. Je n'aime pas le regard de certains sur moi. Préfèrent-ils le corps des petites filles à celui des hommes ?

Du corps, j'ai fait mon obsession. Le mien est indomptable, sauvage, se dérobe sans cesse, n'appartient à personne. L'art de tromper son monde, être là sans y être vraiment, quand le corps et l'esprit ne font plus chambre commune, que l'un se précipite, s'affole, tournoie, s'envole, que l'autre n'est plus qu'un exilé volontaire. Dissociation du corps et de l'esprit, pour que l'indicible reste supportable. Divorce réussi dès l'enfance.

Empêcher une personne de dormir, lui barrer l'accès au refuge de ses rêves. La pire des tortures. Je passe une enfance sans sommeil. J'en ressors exsangue. Disloquée. Ereintée. L'usure a raison du corps. De l'esprit aussi parfois. Sous la peau, les tremblements. Sous les sourires, la rage. Larmes, terreur au fond des yeux. Je ne dis pas, ne parle pas. Que disparaisse la brûlure, l'absence, les silences. Je ne veux plus sentir. Le *Je* n'existe plus. *Je* est à terre.

Ma vie se décline dans une succession d'allers-retours. Je passe de l'un à l'autre. La semaine chez ma mère, un week-end sur deux et la moitié des vacances avec toi. Les premières fois, je refuse de quitter la maison familiale, celle où tu vivais avec nous. Je gémis, implore. En vain. Je me résigne.

Je grandis une valise à la main, en garde encore l'esprit nomade. Rester en place m'est impossible. Me déplacer, un plaisir renouvelé.

Autres allers-retours. Entre les pages d'encre et l'extérieur. Je découvre la vie, me rencontre, me reconnais dans les livres. La musique des mots, espace vital où je reprends mon souffle, puise des forces pour aller de l'avant. Je les attrape au vol, m'en saisis, les brandis comme un étendard. La littérature devient l'épaule sur laquelle je m'appuie pour affronter le monde.

À chaque retour de vacances avec toi, à la fin des week-ends, les mêmes interrogatoires auxquels ma grand-mère maternelle me soumet. Questions intrusives, harcèlement qui dure des jours. Impossible de m'y soustraire. Plusieurs fois la même question, abordée sous des formes différentes. La réponse sera-t-elle la même ? Poussée dans mes derniers retranchements. Aucun détail n'est oublié. Mes intonations de voix seront interprétées, analysées. Évidemment dans le sens qui arrange mon inquisiteur. Chercher à me défendre envenime les choses. Pour ne pas aggraver la situation, tu gardes tes distances. Le silence sera une fois encore le grand gagnant.

J'apprends la neutralité, joue le rôle dans lequel je suis attendue. Rester impassible. Mentir pour sauver sa peau. Dans cet univers manichéen, les demi-teintes n'ont pas cours.

Mon père est coupable.

L'aimer est une faute. Le montrer, une injure.

Ta mère te rejette. Par ricochet, elle dédaigne ta femme et ta fille. Le mépris est son langage. Ses obsèques, je n'y suis pas allée. Sans remords, ni culpabilité.

Elle aussi prisonnière d'un passé. Bourreaux et victimes partagent le même sort, sont soumis aux mêmes lois. On croit être libre, on ne l'est jamais vraiment, on croit que l'on décide, on décide si peu. Nous suivons une route déjà tracée, nous marchons dans les empreintes de celles et ceux qui nous ont précédés.

Veuve à vingt-six ans, sa famille lui interdit de se remarier. La mort s'immisce en elle, doucement. Une tumeur au cerveau, un cancer de l'utérus bientôt suivi d'un cancer des os, je l'ai toujours connue malade. Je n'ai pas vu sa dépouille. Je crois l'apercevoir encore dans les rues parfois, silhouette longiligne, si mince qu'elle semble prête à se briser, chevelure blanche, raideur des gestes.

Son regard, je ne l'aimais pas. À l'imaginer, l'envie de fuir revient.

Elle m'appelle *Mademoiselle*, m'offre des œufs de Pâques bon marché, vides. Ceux de mes cousins viennent du meilleur pâtissier de la ville, sont garnis. Une année, j'ai droit à un livre corné, ma cousine ne l'a pas aimé, il est pour moi.

Quand la maladie lui arrachera ses dernières forces, je deviendrai digne d'intérêt. Avant, ses cadeaux, ses attentions n'auront été que pour ses autres petits-enfants. Maintenant qu'ils ne peuvent plus profiter de sa générosité, ils la délaissent. Soudain, j'existe.

Noël 76, nous réveillonnons chez les D., j'observe chacun de leurs gestes et paroles. Leur manière curieuse de te regarder. Tu es suspect, on te jauge. Ils ne voient que l'étrange, la singularité, occultent ce qui vous rapproche, vous relie.

La différence est-elle une faute ? Les D. ne sont-ils pas tes amis ? L'année suivante, ils ne seront pas disponibles pour Noël, ni pour aucune autre occasion. Votre amitié ne survivra pas.

Au travail, il y a ceux, très rares, qui savent. Aux autres, tu mens avec aplomb. Ton compagnon n'est qu'un oncle qui vit chez toi. Votre différence d'âge l'atteste. Mentir, une habileté essentielle pour qui veut se protéger du jugement d'autrui.

Aujourd'hui, je n'ai plus besoin de mentir. Mais toi ? Es-tu libre de vivre dans la vérité, dans la nudité de celui que tu es vraiment ?

Des différences entre toi et les pères des autres enfants, je n'en vois pas. Tu es un homme comme les autres. Ému devant un opéra, ne supportant pas l'injustice, pleurant devant les reportages relatant la détresse des enfants, la misère humaine. Pourquoi un homme ne devrait-il pas pleurer ?

Tes vêtements te distinguent parfois des autres, c'est vrai. Plus originaux, plus excentriques. Surtout l'été, pendant les vacances. Fréquemment, ta démarche, ton allure te trahissent sans que tu y prennes garde.

Je le clame haut et fort, cela ne me touche pas. Je finis par croire à mes propres mensonges. Je refuse de regarder la vérité en face. Je ne connais pas d'autres enfants qui partent en vacances avec deux hommes. Force du déni. Passage en force. Je n'ai pas mal. La douleur, je l'anesthésie. Quand elle se fait trop cuisante, je la détourne, l'attribue à d'autres causes, la minimise. Je suis une petite fille forte. Mature. Même pas mal.

Le monde m'effraie, à la moindre occasion, je fuis. Complexe d'infériorité, repli, soumission. Avant trente ans, je n'ai pas trouvé de mots à mettre sur ces symptômes.

J'ai honte, je l'ignore.

1978. *La Cage aux folles* fait fureur et suscite des vocations d'acteurs au collège. La mienne reste endormie. Albin, Renato, toute ressemblance avec des personnes ou des situations existantes ou ayant existé ne saurait être que fortuite.

*

Ma mère ne se maquille jamais. Mon père de temps en temps. Féminin. Masculin. Rien n'est à sa place. Désordre singulier.

*

Le visage de Mowgli n'apparaît pas encore sur grand écran, Michou s'invite déjà dans les conversations. Michou, Régine, personnages de la nuit devenus familiers dans mon imaginaire. Tu pars travailler à Paris.

Cette communauté où je suis la bienvenue. Il suffit que l'on sache, de suite, je suis des leurs. Mon père, mon sésame.

Mes amis homos m'invitent dans leur monde, leur univers m'est familier. Je connais leur langage, le respecte. Ne le juge pas. Je suis intégrée. Des portes fermées, d'autres qui s'ouvrent librement. Je n'appartiens à aucun de ces mondes.

On dit volontiers que je suis solitaire.

La solitude est une habitude prise dans l'enfance.

Le Dernier jour d'un condamné de Victor Hugo, mon livre de chevet. Je lis, relis la détresse de celui qui, condamné par la communauté des hommes, se retrouve emmuré dans la solitude. Reste l'écriture pour dénoncer et laisser une trace.
Premières poésies, premiers textes.

Des années à attendre, à remettre ma vie à plus tard, la seule chose que je fais bien, avec application, avec orgueil même parfois, ne sachant que faire de cette existence qui m'encombre comme on peut l'être avec un fardeau trop lourd, trop volumineux.
La vie, je la regarde de l'extérieur, derrière de grands murs. Je la vis à contre-courant, dans les pages noircies de mes cahiers, par procuration dans les mots des autres. L'écriture, une arme contre les lâchetés de la vie. Bouclier magique, invisible. L'encre demeure l'instrument privilégié pour aplanir, effacer les aspérités du dehors. Le courage, la force pour faire face aux anfractuosités du monde. Puisées à la source. Dans la solitude.

Tremblement des mythes fondateurs, le monde tel qu'il avait été conçu est ébranlé. Secousses dans la représentation du couple, de la famille.

J'interroge encore, ne trouve toujours pas. Suis-je autre chose que le fruit d'une union stérile ? D'où est venue l'attraction entre vous deux, mes parents ? Forcément, elle a dû préexister. La question, je la retourne dans tous les sens. Aucune affinité visible. Une amitié amoureuse ? Improbable. Alors quoi ? Des indices contradictoires, incertains.

Où est le sens ? Je rêve d'être le fruit d'un amour.

Du côté maternel, les choses sont plus claires, du tien, toujours la même opacité. En apparence, deux êtres que tout oppose, blessure concave et blessure convexe.

Tes autres couples seront tout aussi étranges. Je retiendrai celui formé avec M., de quinze ans ton aîné, grand, mince, élégant, un brin mégalo, comme toi passionné d'opéra. Pour lui, tu quittes femme, enfant. Vous rêvez de mariage, il vous est interdit. Peu importe, il sera tout à la fois, ta femme, ta maîtresse, ma mère. M., une mère presque comme les autres, exclusive, jalouse, qui ne supporte pas d'avoir trop longtemps ta progéniture dans les pattes, une femme qui se sent en rivalité avec ton ancienne épouse, la dénigre, la démolit sans même la connaître.

L'idylle sera de courte durée, plus de temps à colmater les brèches qu'à cultiver un réel amour. Entre vous, l'exclusivité n'est pas de mise, les rencontres se multiplient. L'été, les amis défilent, retrouvailles amicales et plus si affinités. Bouffées d'oxygène venues attiser un feu qui se meurt.

De votre amour, il ne restera que des cendres glacées. Au final plus d'amertume que de douceur.

De toi, je n'hériterai pas d'un talent pour le bonheur. Ce goût-là t'est resté inconnu, tu quitteras cette existence comme tu es arrivé. Sans lui. Il te reste cette vieille blessure, toujours à vif, cette béance que rien ne peut combler. Ce vide du mal-aimé.

Je t'ai vu te débattre dans des histoires qui font mal, intenses, cuisantes.

Ta candeur est à la hauteur du manque, phénoménale.

Pour ta mère, tu sembles n'avoir jamais été le bienvenu. Une permission de ton père, prisonnier politique envoyé en Allemagne par la STO, et te voilà qui débarques sept mois plus tard, au beau milieu de la guerre. Une naissance, rapide, brutale. Tombé sur le carrelage de la cuisine pendant que ta mère arpentait la maison pour tempérer la douleur. On te croit mort-né. On te laisse là. Nu. Sans vie sur un lit. Quelques minutes plus tard tu te fais entendre, ton choix est fait, tu veux vivre. Tu es un survivant. Et le resteras ta vie durant.

Ton aîné était attendu, espéré. Il n'entend pas partager sa place et te le fait savoir. Tu paieras le prix fort. Coups, moqueries, humiliations, vexations te rappellent ce que tu ne dois pas oublier. Tu es de trop. Maladif, fragile, sensible, tu restes la proie idéale pour les jeux sadiques de ton frère.

Tu n'es qu'un accident malencontreux arrivé en période de rationnement. Trop vite. Trop tôt.

Ta mère te surprotège, t'interdit de jouer aux jeux de garçons, t'apprend la couture, la cuisine, te garde près d'elle. Qu'on ne s'y trompe pas, elle ne t'aime pas.

Tu n'auras pas droit à plus de quatre années près de ton père. Prisonnier politique pendant les deux premières années de ta vie, victime d'un accident de cheval alors que vous commenciez tout juste à vous apprivoiser l'un l'autre. Tu es le premier arrivé sur le lieu du drame. Ton père gisant, le crâne fracturé contre un chêne, l'image est restée imprimée en toi. Trois jours d'agonie, avant que ne vienne s'ajouter le mensonge de ta mère. Malgré l'évidence dont tu as été témoin, elle persiste. Ton père est parti en voyage. Il ne reviendra pas.

Tu me relates tout cela lors d'un déjeuner en bord de mer. Nous sommes en 2008, tu as soixante-cinq ans. Face à moi, ce n'est plus mon père, mais un petit garçon, les yeux embués de larmes, qui se retient de pleurer, son menton tremble, tout son corps lutte pour contenir ce chagrin, si vieux, si lourd. Ton costume noir, le cercueil de ton père, le silence. Tu n'as rien oublié. La vie s'est arrêtée. La mort et l'absence ont pris possession de l'espace. Tu venais d'avoir six ans.

À quoi aurait ressemblé ta vie avec lui ? Tu l'imagines plus douce. Lui seul prenait le temps de jouer avec toi chaque soir, il ne faisait aucune différence entre ses deux fils.

Tu trouves refuge auprès d'une grand-mère, la

seule dont les bras ne se ferment pas pour toi. À l'adolescence, ce sont ceux des hommes qui t'apaisent. Tu ne les quitteras plus jamais.

Ta quête sera sans fin, passer de l'un à l'autre, encore et encore. Quelques-uns sauront t'arrêter dans ta course folle. Au début l'amour sera là, très vite, il s'oxydera.

Tu n'as pas lu *Le drame de l'enfant doué*, les travaux d'Alice Miller sont pourtant remarquables. J'aurais pu te l'offrir, mais tu avances sans cesse le même argument, tes yeux sont trop fatigués pour lire. Particulièrement quand il y a le risque de mettre le doigt sur une vérité qui fait mal. Tu cherches à l'anesthésier, sans succès. Tu préfères ne pas voir pour donner raison à ceux qui t'ont abîmé.

Qu'en est-il de cette rumeur selon laquelle un pédophile aurait abusé de toi enfant, est-elle fondée ? Les coups que ton frère te donnait, sa violence exacerbée contre toi, le rejet de ta mère sont les seuls actes de maltraitance que tu consens à reconnaître. Tu demeures partagé entre la révolte et le désir de rester un bon garçon. La colère, tu la retournes contre toi.

Cette tristesse qui te consume, fait de toi un être vulnérable, à la merci de quelques miettes de tendresse.

Tu ne connais pas d'amour sans dépendance, sans rapports de force. Chaque fois, un scénario identique. Tu t'enflammes, idéalises, pars dans tes rêves, perds le contact avec le réel. Tu es prêt à tout donner à cet autre qui, tu en es certain, saura te rendre heureux. Il est celui que tu attendais. Tu ne ménages ni argent, ni efforts, rien n'est trop beau pour celui qui s'annonce comme une promesse de bonheur. Ceux qui te connaissent savent que c'est une question de mois, d'années tout au plus. Bientôt, ce sera la chute. Avec l'énergie du désespoir, tu donnes tout, cherchant par tous les moyens à recevoir un amour resté inaccessible.

Systématiquement, tu oublies d'en tirer les leçons qui s'imposent. Tu refuses de voir l'évidence. L'amour met longtemps à venir pour ceux qui sont passés à côté de lui aux premières heures de leur vie. Il leur faudra parcourir un long chemin pour le conquérir, l'accueillir sans en avoir peur.

Tu ignores tout des amours qui n'ont pas le goût d'un règlement de comptes avec le passé. Oser croire que l'on puisse être aimé sans que le cœur ne s'affole, ne se dérobe, l'ultime défi à relever.

Sauras-tu donner une vraie place à la douceur du lien sans redouter l'amertume de l'abandon ?

Longtemps, j'ai voulu te sauver de tes propres démons, soulager le poids de ta solitude. Tu m'entraînais dans des abîmes desquels j'aurais pu ne jamais remonter. Je me mettais en danger, ma vie était en jeu. J'ai dû choisir, trancher. Tu n'aimes pas cette distance que j'ai mise entre nous. Je n'avais pas d'autre choix. Ta vie ou la mienne, j'ai choisi. Je ne serai ni ton infirmière, ni ta confidente.

Un père n'entraîne pas sa fille dans les dédales de son intimité, il ne peut faire d'elle le témoin privilégié de ses amours, lui donner à lire les colonnes de son courrier du cœur. Dans ton esprit, tout se mélange parfois. Un père ne dit pas à sa fille qu'il aurait aimé avoir une femme comme elle, ne s'exhibe pas nu devant elle, ne lui raconte pas des anecdotes de sa vie intime.

Un père pose le cadre, met des limites. Tu sais faire tout cela, mais le plus souvent tu dérapes, les interdits te sont tellement étrangers, dans ces moments-là tu sembles ne pas prendre la mesure de tes actes. Ta conscience se fait nébuleuse. Tu ne peux mesurer l'impact de certains comportements, tu pourrais t'effondrer.

Ton corset de plâtre ne doit pas se fissurer, c'est lui qui te permet de rester debout. Tu es si fragile dessous.

Je n'écris pas pour faire de toi un monstre de papier, je ne cherche pas à te faire endosser ce costume, tu en portes déjà un autre, bien trop lourd. Celui de la honte que l'on t'a obligé à revêtir pour te faire payer ta différence.

Le désastre est arrivé bien avant moi. Inné ou acquis, on ne saura jamais. Génétiques, psychologiques, les causes restent mystérieuses, n'ont d'intérêt que pour les esprits qui ne tolèrent pas la différence, voudraient l'effacer, l'anéantir. Chaque chose doit être classifiée, tenue à l'étroit dans une boîte, elle ne doit pas en sortir, les étiquettes ont cette vocation, rassurer les esprits inquiets, éviter le désordre.

Onze ans avant ma naissance, l'homosexualité est encore punie par la loi. En 1968, l'Organisation Mondiale de la Santé la répertorie comme une maladie mentale.

Mon père est un malade, un hors-la-loi.

Dans d'autres espaces-temps, tu aurais eu ta place. Les homosexuels jouissaient d'une excellente réputation dans l'Antiquité grecque. Nos sociétés l'ont oublié.

1992, l'homosexualité est enfin déclassée au niveau médical.

Ne pas avoir honte de qui tu es, les pièges ne manquent pas pour t'empêcher de sortir du tunnel. En es-tu réellement sorti ?

Tu n'es pas né dans le bon milieu. Le sentiment d'infériorité s'est engouffré dans ta vie, a fait de toi un être à la merci des regards, des ragots. Réels ou imaginaires, les prétextes ne manquent pas pour qui veut railler. Ta vie aurait été autre dans un milieu intellectuel, artistique. Tu n'es qu'un modeste fils de paysan tout droit sorti d'une campagne profonde.

Il ne faisait pas bon aimer la danse, qu'elle soit classique ou contemporaine. Mozart, Wagner, Puccini, Verdi n'étaient pas plus facilement admis. La porte de ces univers vers lesquels tu te sens porté reste verrouillée.

Ton souhait le plus cher, devenir musicien. Être un élève particulièrement brillant en solfège ne suffira pas. Ton frère n'a aucune affinité avec la musique. Pour ne pas faire de différence ta mère brise ton élan. Suppression des cours. Dans la maison de ton enfance, trois violons ayant appartenu à des ascendants de ta grand-mère maternelle alimentent tes escapades oniriques. Sacrés, précieux, leur beauté te fascine. Absorbé dans tes rêves, tu espères jouer un jour avec celui qui a su traverser les années pour arriver jusqu'à toi en bon état. Ton frère n'y voit que des jouets. Il les cassera tous. Rêve brisé. Rancœur tenace qui ne s'effacera pas. Devenir violoniste, le rêve auquel tu as renoncé.

Craintif face à la parole dénudée, tu continues encore à te taire. Tu déroules sans cesse le fil de tes cabosses physiques, me répètes en boucle la liste de tes somatisations, tu évoques rarement les blessures affectives, plus profondes. Tu parles beaucoup, te répands, mais ne te dévoiles pas.

Parler pour cacher, parler pour ne pas avoir à se dire. Pirouette que tu continues à exécuter avec brio. Le complexe d'usurpation persiste.

La loi du silence devra pourtant être brisée. Trop de rêves se sont échoués sur les récifs de la honte.

Je refuse d'en rester complice.

Vingt-deux années à rester fidèle à cette règle, ne pas faire de bruit, obéir et me taire, c'est tout ce que l'on attendait de moi. Je ne dis rien, j'écoute. Ma vie est à ce prix. Mes larmes et mes colères, enfouies derrière la douceur d'un visage lisse. Parce que les enfants endossent le poids de la faute de leurs parents, qu'elle soit réelle ou imaginaire, il leur faut trouver une solution pour racheter une dette qui ne s'efface pas.
La honte est un miroir brisé dont on retrouve longtemps après des morceaux cachés dans les recoins de nos vies. La honte se glisse partout, continue à nous surprendre même quand on la croit disparue.
Tu me fais honte, plus cinglant que n'importe quel reproche. L'arme utilisée dans le camp maternel par une grand-mère qui n'a de cesse de me faire payer ma filiation. Regard, gestuelle, rictus, trop de similitudes avec toi.
Pour ma mère, votre union reste synonyme de meurtrissure. Je suis tout à la fois. L'enfant qui la sauvera de sa détresse, l'enfant de la honte qui rappelle chaque matin ce qu'elle aurait voulu ne jamais vivre.

Mon visage semblable au tien, ma maturité, mon esprit vif, tu étais fier de ta fille. Fier de me montrer à tes amis.
Je ressemble trait pour trait à ta revanche.

Ta représentation du monde n'est pas exempte de tabous. Le bonheur en est un, mot suspect par excellence qui se doit d'être tenu à distance. Trop risqué, trop dangereux. Comment l'envisager sans craindre le sacrilège. Être heureux, tu n'y penses pas ! Une chimère qui se dérobe sous chacun de tes pas. Pour l'atteindre, il te faudrait trahir. Trahir une lignée entière, tournée vers la souffrance, la douleur et le manque. Tu n'es pas de ceux-là. Loyal tu es. Loyal tu resteras.

Tout cet argent que tu perds en permanence, ces crédits qui sont autant de garrots qui te prennent à la gorge, les mauvais choix que tu additionnes, ces hommes qui abusent de toi. De quoi cherches-tu à te racheter ?

Ces dettes que tu cumules, réelles, imaginaires. Se pourrait-il que tu restes débiteur jusqu'à ton dernier jour ?

Tes peurs te volent ton présent. Tu ignores comment te libérer d'automatismes acquis par des générations enserrées dans l'étau de la culpabilité. Qu'à cela ne tienne. Je le ferai. Je couperai les liens toxiques.

Ma vie est à ce prix. Je trahirai. Le bonheur sera ma rébellion.

Avec ta femme, tu as connu un bonheur capricieux, incertain, qui se dérobe, demeure inaccessible.

Chacun avait mis ses espoirs dans ce mariage. Ma mère imaginait une maison pleine de rires d'enfants. Rien ne lui avait permis d'envisager le scénario de l'homme qui fait fausse route, pour qui le mariage avec une femme est une impasse.

Tu la prenais en photo comme un mari modèle, préparais les vacances, les attendais fébrilement. Toujours des envies d'ailleurs, de grand, de nouveau départ. Le besoin de t'extraire d'une atmosphère étouffante au quotidien, l'espoir que ce soit plus facile ailleurs.

L'amour viendrait avec le temps, comme dans n'importe quel mariage de raison. L'amour des hommes ne serait bientôt plus qu'un lointain souvenir, une étape expérimentale, au même titre que l'adolescence. Ça ne durerait pas. Un passage, rien d'autre.

Ton épouse s'endormait dans les bras d'un mari qui, une fois les yeux fermés, rêvait du corps de ses amants. Ton indifférence, tes absences étaient mises sur le compte des différences homme femme. Leur origine était autre.

Aucun de vous ne savait qui il était vraiment. Chacun s'enlisait dans les ornières tracées par le poids des conventions, de la tradition, du milieu social. Chacun attendait de l'autre qu'il le sauve. Vous vous êtes égarés ensemble. Deux êtres désarmés au sortir de l'enfance, sans défenses pour affronter la réprobation, les reproches et les critiques du monde.

Aux stigmates du milieu rural se sont ajoutés ceux du divorce. Innover en la matière, quelle drôle d'idée. Vous étiez les premiers à franchir le pas. À cette époque, les couples tenaient bon, pour beaucoup d'entre eux, ce n'était qu'un jeu de dupes, l'honneur était sauf. Peu importaient les déchirures, les cassures, tant qu'elles n'étaient pas trop visibles. L'ordre établi n'était pas menacé, la mascarade pouvait continuer.

Ce faux départ vous a coûté cher, vous continuez à en payer des reliquats. Aucun de vous deux ne semble avoir fait le deuil de cet épisode. La blessure reste béante. Une zone sensible que l'on ne doit pas effleurer sous peine de réactions défensives immédiates de votre part. Retirés dans les recoins sombres de votre histoire, vous n'en êtes jamais ressortis. Combien de jours ont ainsi oublié de se lever ?

Chaque rentrée scolaire, la même fiche à remplir, nom, prénom, adresse, profession des parents, cette case où il fallait noter *parents divorcés*. En même temps que vous, j'innovais, j'ouvrais le chemin d'une autre configuration familiale. Celle de la cellule éclatée. Il faudrait attendre l'entrée au lycée pour que cela devienne banal.

À cela, se superposait un second tabou. La sexualité. À l'heure du carré blanc sur l'écran de télévision pour avertir le téléspectateur d'un programme *dangereux*, le sexe faisait irruption dans notre petite vie bien sage.

Tu faisais l'amour avec des hommes. Double faute. Double peine. Culpabilité pour nous trois. Toi, ta femme, ta fille. Trois bêtes curieuses. Stigmatisés par des esprits étroits.

Tu étais homosexuel, donc *malade*. Le déshonneur s'était introduit dans la famille. J'étais ta fille, porteuse des mêmes gênes que toi, potentiellement *malade* aussi.

Dès lors, toute joie, toute réussite se devaient d'être tues, tout bonheur se paierait au prix fort.

La loi familiale se réduisait à une loi de résignation et de soumission, une loi silencieuse. On offrait sa misère et sa détresse en guise d'offrande à un Dieu en colère, dont on cherche à apaiser le courroux et à obtenir la clémence.

Expier sans cesse, se rabaisser, se faire pardonner d'être là.

Que vaut une vie quand le regard des autres la condamne ?

Toutes ces années d'errance, à me cogner à des murs, à attendre je ne sais quoi, je ne sais qui. Dans le miroir, rien d'autre à voir que le visage d'une femme travestie. La prostitution n'est pas réservée aux trottoirs, aux maisons closes, elle s'exerce partout, à tout âge, en tout lieu. Prend des formes inattendues. Elle me surprenait là où je ne l'attendais pas, s'insinuait dans le moindre de mes gestes. Sans cesse tiraillée entre les apparences qu'il fallait maintenir et une vie intérieure habilement dissimulée. J'avais commencé très tôt cette mascarade, une fois prise dans l'engrenage, pas facile d'arrêter. Trop rares étaient ceux face auxquels il n'était pas dangereux d'abaisser ma garde, nombreux ceux qui ne supportaient pas le moindre signe de faiblesse, alors que faire sinon endosser l'armure du bon petit soldat ? Avancer coûte que coûte, à n'importe quel prix, mais avancer encore.

Je dis oui, je pense non. Dire oui encore. Finir par ne plus penser, se perdre en chemin.

Tous ces inconnus que je croisais chaque jour, connaissaient-ils la même lassitude, faisaient-ils semblant eux aussi ?

Pendant des années, face à moi, il n'y a eu personne. Jeux de rôle et masques de fortune. Ont suivi un profond désintérêt pour la vie, une véritable aversion pour les relations sociales, monde de représentations, de codes et de faux-semblants. Poliment, comme toi, je cherche à me faire une place dans cet univers d'artifices, avec des horaires réguliers, une activité sérieuse, un titre respectable. Je m'assombris, me dessèche. L'attrait pour cette existence viendra tardivement, au fil de vraies rencontres, dans d'autres regards.

Longtemps, elle régnera cette peur qui fige, enferme, tétanise, éteint tout ce qui l'entoure. La peur de l'autre, de son regard, de son jugement. Si peu de journées sans elle. Chaque matin, la boule au ventre. Vêtements amples, couleurs sombres derrière lesquelles je dissimule un corps maladroit, un corps étranger.

Comme toi, je m'étais glissée dans une vie qui n'était pas la mienne. Dans cette existence où l'on joue à guichet fermé le grand théâtre de la vie, tragédies, comédies, burlesque, avec masques et costumes, je tenais un rôle qui ne m'était pas destiné. Pas moins de trente ans auront été nécessaires pour déminer ce champ de ruines.

Dans un album photo que tu m'as donné, j'ai retrouvé quelques clichés de toi. Jeune homme souriant, élégant dans ton costume trois pièces, portant toujours une cravate. De belles chaussures que j'imagine vernies. Sur une autre photo, tu poses à côté de ma mère, visages radieux, épaule contre épaule, vous semblez heureux. Insouciants, deux amoureux à qui plus rien ne fait peur. Le monde vous appartient. Pour combien de temps ?
Le jour de votre mariage, ma mère rayonne dans sa longue robe blanche. Elle, d'ordinaire réservée, se déploie. Ton visage n'est plus le même, le regard fermé, une mâchoire que l'on devine tendue, un sourire forcé. Signes pouvant être mis sur le compte de la gravité de ce jour solennel, l'importance de l'engagement. As-tu compris à ce moment-là que le Oui que tu venais de prononcer signifiait renoncer à tes amours masculines ? Ou savais-tu déjà qu'il te faudrait organiser une double vie pour tenir bon ? Juin 1966, ma mère s'ouvre, tu te fermes.

Issu d'une famille athée, tu n'es pas baptisé. À bientôt vingt-cinq ans, tu prends des cours de catéchisme, fais ta communion pour te marier à l'église, y rencontres la foi.

Ta mère est opposée à ce mariage. Connaît-elle la vérité ? Elle ne dit rien, assiste malgré tout à la cérémonie. Tu devras prendre son bras de force devant témoins pour qu'elle t'accompagne jusqu'à l'autel. Elle continuera de manifester sa désapprobation avec le peu d'intérêt porté à ta femme et à ta fille. Rejet qui se perpétue.

Comment réduire à néant cette filiation ? Ne plus appartenir à cette famille, rompre avec notre lien de sang, déchiqueté, en lambeaux ? Un vœu que je formule secrètement. Ne pas vous ressembler, me construire malgré vous. Me marier au plus vite pour m'inventer une nouvelle identité. Aucune liberté dans ces choix qui n'en sont pas. Tentatives échouées. Le risque s'avère trop grand, l'interdit bien plus fort.

À mon insu, j'invente diverses stratégies pour ne pas blesser deux parents encore meurtris, j'exclus toute réussite là où vous avez échoué. Comme toi, je me jette dans les situations difficiles. Je vous assure ainsi de ma loyauté. Soumission oblige.

Tu as abdiqué très tôt. Avant même l'adolescence, tes rêves étaient au pilon. Un homme appelé par la musique qui s'échoue dans les chiffres. La musique, l'art, les voyages. Abandonnés. L'opéra restera tout au plus une passion. La danse classique, un univers qui te transporte.

Tu n'as donné aucune chance à ton désir d'être violoniste, tu n'as même pas essayé. La transmission a opéré de génération en génération. Notre famille, un lieu où nos rêves demeurent inaccessibles.

Renoncer d'entrée de jeu pour ne pas être déçu, pour ne pas connaître l'échec, la recommandation que l'on a reçu en héritage. La réussite n'est pas pour nous. Quelques-uns ont essayé pourtant, s'en sont mieux sortis. En apparence. À y regarder de plus près, chacun a fini par s'exiler de lui-même, est entré dans le rang parce qu'il le fallait.

Tu m'as laissé carte blanche pour orienter ma vie, une liberté qui frôle l'indifférence. Les rares fois où je me suis épanchée, te livrant mes doutes, mes échecs, une même phrase sortie de ta bouche, *tu es bien la fille de ton père, on n'a pas de chance tous les deux*. Au ton de ta voix, cela semble te rassurer. Prophétie contre laquelle je me débats.

Les mots, les souvenirs se dérobent encore parfois. Là où se sont accumulées images et sensations, mon esprit prend le chemin inverse, celui de l'oubli. Peinture, littérature volent à mon secours, ravivent les couleurs passées, esquissent les contours d'un temps incertain.

Je ne compte plus les tentatives échouées pour lire *À l'ami qui ne m'a pas sauvé la vie*. Trop proche d'une réalité familière. La beauté du texte à chaque fois ternie par une corde sensible tendue à l'extrême, deux ans avant de pouvoir en faire une lecture complète. *Le secret de Brokeback Mountain*, interrompu à la première scène d'amour. Un an avant de le voir à nouveau, en entier. Avec neutralité.

Bacon, un univers qui me happe, m'aspire, m'entraîne de l'autre côté du miroir, un monde de corps, de démesure. *Deux personnages, Etude de nu accroupi, Nu couché avec une seringue hypodermique, Personnage près d'une cuvette* sont les pièces d'un puzzle venues retracer le décor de mes premières années.

Chaque fois, un même fil conducteur, la chair.

Jouir. Un mot qui te ressemble, t'anime. Tu es en quête permanente de jouissance. Tout ton être tendu vers elle. L'obsession de la jouissance. À deux, à trois, peu importe le nombre. Jouir encore. Derrière, une autre quête. Perdue d'avance. Celle d'un amour qui n'existe pas. Remplir un vide que rien ne peut combler. Désespérance du mal-aimé. Solitude que personne ne peut apaiser. Magmas où tu te débats.

Je me suis battue pour qu'entre les hommes et moi, il n'y ait plus ce regard : le tien, troublant, inquiet ; tes mots : provocants, décalés. D'un côté, tu cherches à dissimuler tes attirances, de l'autre tu en rajoutes. Gestes, paroles, anecdotes, trop de détails dévoilés. Provoquer, un acte militant dont tu te délectes. Il me faudra expurger le dégoût de soi, l'exhibition de ces corps enchevêtrés sans aucune pudeur, affichés sans retenue. En contrepartie, ta fantaisie, ta liberté de pensée ouvrent les espaces du possible. Excepté la ténacité des préjugés, rien ne semble t'étonner. Tu es un père complexe, déroutant. Ta folie, je n'en veux pas. Je l'aime uniquement quand elle est douce. Je serai ta fille, sous certaines conditions. Tu m'as imposé les tiennes, à mon tour de te poser les miennes. Ton originalité, ta fantaisie, je les accepte, elles me seront utiles. Ta manière de rester familier de la douleur, je n'en veux pas. Le goût du morbide, je ne l'ai plus. Le tête-à-tête avec la mort m'en a définitivement guéri. *La vie n'est que souffrance,* je ne partage pas ton point de vue, je te laisse avec tes relents de culpabilité. Je te l'ai dit, je n'essuierai plus tes larmes, je ne prends plus le risque de la noyade pour venir te sauver. Je ne m'appuierai pas sur ton épaule, elle est si frêle. Un rien pourrait te briser. Tu as cherché à t'endurcir, en vain.

Mon indépendance te fait souffrir, mon instinct de survie veille discrètement sur moi. Ta sensibilité, ta révolte face à l'injustice, ton amour, ton dévouement pour ton prochain, je les garde. Ton esprit avant-gardiste, novateur, ton mépris pour les conventions poussiéreuses, ta volonté de réaliser tes aspirations envers et contre tout, je les aime.

Mon père n'est pas le plus beau, le plus fort, c'est le plus fou, le plus excentrique. Comme lui, je suis multiple.

Février 2010, dix-neuf toiles de Frida Kahlo sont visibles au musée Bozart de Bruxelles. Exposition intimiste mise en scène entre miroirs et parois inclinées, reflétant douleur, solitude, puissance et érotisme d'une femme en proie à la souffrance toute sa vie durant. La foule, je l'oublie. Fascination d'un corps meurtri devant *La colonne brisée*. Cette douleur, je pensais en être loin, je n'avais fait que mettre de la distance entre elle et moi. Blessure narcissique de celle qui se retrouve acculée, rattrapée par les faiblesses d'un corps défaillant.

Novembre 1993, le souffle de l'explosion pulvérise tout sur son passage, présent, futur, anéantis. Le mot tombe comme un couperet, on appelle ça un diagnostic.
Cancer, passager clandestin au creux de mon corps.
Avant même l'annonce dans le bureau froid d'un CHU, je pressens la vérité. Qu'ils soient prononcés avec douceur, empathie n'y changera rien, la déflagration aura lieu. Il y a des mots comme ça.
Adénocarcinome. Métastases.
1993, l'année de mes vingt-deux ans.

Depuis dix-huit ans, je vis dans un temps qui n'existe pas, dans un présent sous l'emprise d'un passé qui ne s'use pas, ne passe pas. Je voudrais que ma mémoire prenne le chemin inverse, celui de l'oubli.

Ils m'ont rattrapée ces fantômes venus d'un autre temps, gardés secrètement au fond des mémoires et des corps qui écrasent à coups de non-dits, de douleurs tues. Elles m'ont rattrapée ces ombres funestes qui se sont penchées au-dessus de mon berceau. Impossible de leur échapper, leur écho me poursuit sans cesse. Je croyais qu'il suffisait de tourner une page pour qu'elle s'efface, mais il est une encre indélébile avec laquelle s'inscrit notre histoire au plus profond de notre corps, qui fait de lui un parchemin témoin du passé, un corps de chair et d'encre.

Mon corps vole à mon secours. Ce que je ne dis pas avec des mots, il l'exprime avec sa propre voix, il se fait interprète pour dire ce qui ne se dit pas. Je voudrais museler ce corps trop bavard qui n'en finit pas de se répandre, entre nous, des années de luttes interminables. Rien n'y fait, impossible de le faire taire, il parle encore et encore. Je veux être comme les autres, il me rappelle ma différence.

Il en est des corps comme des esprits, certains portent la mort comme d'autres donnent la vie, on ne choisit pas, le mien appartient à cette catégorie de corps cabossés, meurtris, réfractaires à la vie, au bonheur.

Personne n'a décodé les signes annonciateurs du naufrage.

*

Dans le silence d'un laboratoire, nos cellules parlent pour nous. Prélèvement, analyses suffiront pour qu'elles livrent leur secret et permettent de poser un diagnostic médical, mais de l'existence de leur propriétaire, elles ne diront rien. Elles ne trahiront pas son intimité, ne confieront aucun élément de sa vie privée. Les états d'âme resteront incognitos.

C'est pratique un corps pour parler, il n'y a aucune censure, aucun risque.

Longtemps, je n'ai pas aimé cette femme que je voyais dans le miroir. Je n'aimais pas ce corps, forteresse imprenable dont je ne pouvais m'évader, ombre trop lourde à porter. De la vie, je me méfiais comme d'un ami trop empressé qui vous veut du bien mais qui vous trahira à la première occasion. Je préférais les rêveries solitaires, les chambres silencieuses, la nature sauvage aux bruits de la vie, j'aurais voulu disparaître, ne plus être là. Quel autre choix pour l'enfant de la honte, sinon celui du silence ?

Au détour d'une émotion, sous les traits d'un visage familier, elle resurgit parfois dans mon miroir. Petite fille tapie dans l'ombre. Devenue femme, encore soucieuse d'obéir, faisant ce que l'on attend d'elle, discrète, évitant les remous. Être bien comme il faut, ne pas faire d'embardée, ne pas dévier. Rester sagement dans le cadre, prouver que l'on est quelqu'un de bien. Se rendre invisible pour éviter de prendre des coups, éviter la mise en danger, la mise à mort. Être assurée d'avoir la paix. Pour cela, renoncer à une originalité qui mettrait en marge. L'art, la création restés longtemps hors de portée. Désirer, un autre droit à conquérir.

La honte ne connaît ni exclusivité, ni discrimination. Elle enferme, tue, étouffe à petit feu les élans de vie.

Tu me proposes de m'accompagner à l'hôpital, c'est non. Non à ta présence, non à ton réconfort, non à tes inquiétudes. Un non pour me sauver. Entre ces murs blancs, il n'y aura aucune visite. Personne ne viendra s'asseoir sur ce fauteuil en skaï marron, à nul autre que moi je n'offrirai la vision de ma chair mutilée.

Cancer, un terme qui suffit à changer les regards, à ce que la peur s'immisce entre les malades et les bien portants. Ce n'est plus moi que tu aurais vu mais le mal qui prenait possession de mon corps. Dans un premier temps, il y aurait eu le silence, puis à ta manière tu aurais cherché à me rassurer. L'intrus aurait gagné encore plus de terrain. Je n'ai rien dit, j'ai fait semblant. La famille n'a rien su. Je ne voulais pas de ces regards dévastateurs, qu'au moins ils me soient épargnés.

Le blanc, le froid, l'odeur d'éther. Immensité de la terreur que je ressens face aux blouses blanches. Refus catégorique d'une partie des traitements. La prolifération des cellules anarchiques, j'y vois une stratégie organisée, élaborée pour libérer mon corps, grenier morbide où sont entassés douleurs et non-dits. L'urgence est de desceller cette porte. Les médecins sont unanimes, je ne passerai pas les trente ans. Les mots du corps médical résonnent, *je suis inconsciente, je peux me préparer un beau cercueil pour mes trente ans.*

Mourir, cesser d'exister, de vivre, trop d'années où je n'ai rien laissé paraître parce que je suis née comme ça, emmurée dans le silence, invisible.

Mes émotions jouent au même jeu que moi, elles avancent masquées. La tristesse, le paravent idéal venu dissimuler peur, honte et colère.

Faire semblant, une tradition familiale. Combien d'entre nous ont ainsi succombé à leurs émotions tues, gardées sous silence ?

Les chagrins, la solitude, le sentiment d'impuissance, autant de nutriments essentiels à la survie des cellules cancéreuses. Un terreau fertile. Mes rêves, enterrés depuis longtemps dans un champ de ruines. Derrière le visage des adultes que tu croises au détour des rues se cachent des enfants meurtris qui ne savent plus que faire semblant, des enfants fatigués, comme toi écrasés par le poids de leurs rêves envolés. J'ai longtemps mené cette vie de poussières et de cendres, exilée inconsciente de mes terres intimes.
Pourquoi cette famille ? Pourquoi moi ? Mots interrogateurs restés sans réponse. Te posais-tu les mêmes questions ?

Vivre une vie qui n'était pas la mienne, qui me ressemblait si peu, tous ces efforts, cet acharnement désespéré pour être ce que l'on attendait de moi, j'en crevais de cette vie-là. Quand la fatigue se faisait trop lourde, sous les paupières closes se dessinaient des rêves de marbre et de couronnes.

Dans notre famille, l'amour, les mots ne venaient pas, la source s'était tarie bien avant ma venue. Mon aptitude au bonheur était à conquérir.

Colmater les brèches, écoper un navire qui prend l'eau de toutes parts, maintenir une image lisse coûte que coûte. La douceur, les sourires au-dehors, le désespoir, la terreur au-dedans.

M'extirper de ces mensonges avant qu'ils ne me broient définitivement, un geste de survie.

Des cauchemars, j'en faisais depuis l'âge de sept ans, des hommes dont je ne voyais jamais le visage me poursuivaient dans la pénombre. Face au danger, j'étais seule, sans défense. Je fuyais, feignais d'être morte, cherchais des endroits où me cacher. Chaque fois que mes agresseurs me capturaient, je me réveillais en sursaut. Les scènes me hantaient toute la journée.

Des années avant que ces images de vous deux en train de se déchirer ne s'estompent. Me voici monnaie d'échange, balle entre deux camps ennemis, projetée de l'un à l'autre. L'enjeu est ailleurs, dans la douleur de votre amour avorté. Je demeure l'unique trait d'union entre vous, la seule trace encore visible de votre lien passé.

Quatre décennies plus tard, vous connaissez encore des nuits trop courtes emplies d'images venues de cet autre espace-temps.

Il est des lieux auxquels on s'attache comme à des êtres chers, des visages du passé plus vivaces que ceux du présent, il est des obsessions que rien ne parvient à dissiper.

Si seulement j'avais réussi à extirper vos vieux démons. Séparés et heureux. Tout aurait été différent.

Ce qu'elle détruit et prend d'un côté, l'adversité le rend de l'autre. Ma force s'est enracinée dans mes failles les plus profondes. Une décision, un engagement pris à vingt-deux ans : vivre. Le début de la révolte pour en finir avec une fâcheuse habitude, le manque. Le manque qui grignote, ronge chaque parcelle de vie. L'amour, le temps, l'argent, en déficit permanent. Des pertes sèches, un vide que rien ne comble, quand le réel n'est vu qu'au travers du filtre du négatif. J'étais en manque. Je ne voyais que l'épreuve, sans réelle conscience de ce qui se révélait jour après jour. Je manquais ma vie, passais à côté d'elle sans savoir où elle était. Elle se construisait malgré moi, je ne la voyais pas.

Tu as aussi flirté avec l'irréversible au premier instant de ta vie, en a tiré une volonté farouche pour t'accrocher malgré les embûches. Avec l'énergie du désespoir, tu as refusé d'abandonner la partie. La survie coûte que coûte. Quelques instants de grâce sont aussi venus ponctuer les années. La vie ne cesse de te surprendre, tu ne croyais pas rester en vie aussi longtemps. Pied de nez à ce médecin qui t'avait condamné à mourir dans l'heure. Anecdote que tu relates régulièrement. On disait que tu étais non-viable. Première expérience de rejet pour toi. Déjà considéré comme un rebut.

Comme toi, loin de m'effrayer, elle m'a ouvert de nouveaux horizons, s'est imposée à moi comme une chance unique pour enfin tout recommencer. La mort.

Un simple frôlement de sa part a suffi pour guérir ma cécité. Ne pas la combattre, oser la regarder droit dans les yeux sans animosité, cette mal aimée rarement reconnue à sa juste valeur, adroite sculptrice du vivant. En faire une alliée, un soutien pour enfin se déployer, oser être qui l'on est. Grâce à elle redevenir vivante.

L'incertitude est sous chacun de nos pas. Quand tout s'effondre, plus rien n'est tangible que l'instant présent, fugitif, éphémère.

Pas à pas, faire le chemin en sens inverse, retrouver ce qui nous est donné de surcroît en entrant dans cette vie. Découvrir le prix d'une existence aussi dérisoire qu'un grain de poussière, précieuse, inutile, insaisissable.

J'attendais tout de cette existence. Qu'avais-je à lui apporter hormis mes plaintes et mes exigences ?

J'espérais obtenir réparation pour une enfance déchiquetée. La maladie ne résoudrait rien, n'effacerait ni dette, ni passif. Exit l'illusion enfantine. Cesser d'attendre ce qui ne viendrait pas, faire le deuil d'un passé révolu, le seul recours.

Comme par enchantement, recommencer à aimer ces petits riens, un bruissement d'ailes, l'odeur de la terre après la pluie.

L'azur est entré en moi, n'en est plus ressorti.

Le passé se polit sur la pierre du temps, devient cet habit usé, étriqué dans lequel je ne respire plus. Seconde peau qui me colle, dont je dois me séparer. À contrecœur. L'inconfort, plus sécurisant que l'inconnu. Avec lui, pas de mauvaise surprise, les sillons sont bien tracés, chaotiques mais prévisibles. Devenus familiers, nous vivions en osmose.

Sous les étoffes de soie et de velours, le cœur reste frileux. Me cacher le visage entre les mains de peur d'être jugée demeure un réflexe archaïque pourtant dépassé. Les coups ne pleuvent pas en permanence. Il est d'autres regards que ceux qui vous traversent sans voir. Des voix, des regards emplis de clarté, comme autant d'embellies à apprivoiser. Pataude face aux éclaircies, j'apprends d'autres gestes. Premiers pas maladroits sur une terre vierge à défricher.

Le bon petit soldat est mort. Mort de fatigue. N'en déplaise à ceux qui n'aimaient que lui. Il ne se lèvera plus chaque matin. Sois fort, fais des efforts, fais plaisir. Et puis quoi encore ?

L'art, un tour de magie qui délivre du sortilège de l'enfance. *Dormir avec ceux qu'on aime* de Gilles Leroy m'invite à plus de clémence pour tes amours. Je pose un autre regard sur toi. L'amour ne connaît pas de sexe. Il peut être doux quel que soit son genre. Lecture réparatrice. Apaisement.

Dans *L'homme de sa vie* de Zabou Breitman, Charles Berling n'est plus Hugo. Il est mon père. Mon père a obtenu le premier rôle, il crève l'écran. Réconciliation avec le passé.

L'heure des concessions est révolue, je ne remettrai plus ma vie à plus tard. Rien ne m'importe plus que de noircir des cahiers, des carnets à spirale. Qu'on me laisse me frayer mon chemin dans le labyrinthe des mots, le seul endroit où je ne me perdrai pas. Je ne veux qu'une chose : écrire. Ma place n'est pas ailleurs.

Écrire, bien plus qu'un art, une manière d'être au monde. Me voici engagée corps et âme dans cette aventure intérieure. Les ruptures successives avec l'écriture n'auront été que temporaires. Tu jouis avec la chair, je connais la jouissance des mots couchés sur le papier. Aux corps de chair et de sang, je préfère ceux érigés avec de l'encre.

L'abîme, la solitude ont un autre goût, ils prennent la forme du plaisir quand j'écris.

Tu évoquais sans y croire la possibilité de me voir écrire un livre sur toi, sur ta vie, si singulière. L'idée te faisait rire. *Tu raconteras la vie de ton père, il y a de la matière.*
C'est chose faite. Tu n'imaginais pas sérieusement que mon chemin d'écriture passerait par le roman de ta vie. Je ne l'envisageais pas non plus. Il s'est imposé. Ne m'a pas laissé en paix.
Pour en arriver là, des années de maturation, de nombreuses rencontres. Un long chemin.
2011, une rencontre avec Charles Juliet me décide à quitter l'univers de la fiction pour me risquer sur les pentes de l'intime. Des mois avant que ses mots ne germent, n'accomplissent leur œuvre, me poussant sur ces territoires où je ne souhaitais pas m'enhardir. Un échange épistolaire avec un autre écrivain apportera sa pierre à l'édifice. La dernière sera posée à l'occasion d'un documentaire radiophonique pour lequel on me demandera d'écrire un texte sur la honte. Les premiers mots sont apparus comme une évidence. Jaillissement ininterrompu. Je n'avais plus mon mot à dire. Entraînée malgré moi sur ce parcours non balisé.

Arriver sur terre, c'est arriver dans une famille que nous ne connaissons pas, qui peut nous rester étrangère des années durant. C'est devoir s'en remettre à des êtres apeurés, bancals, mettre notre vie entre leurs mains tremblantes. On ne se choisit pas, on nous impose les uns aux autres sans même nous présenter. Il arrive que la véritable rencontre ne se produise jamais. Je n'ai pas su me frayer de chemin pour venir jusqu'à toi, tu n'as pas su venir à ma rencontre. Chaque jour qui passe nous rapproche du moment où le rendez-vous manqué s'inscrira de manière irréversible dans notre histoire. Qu'y aura t il de plus douloureux? Le manque, la nostalgie, ou les paroles interdites, l'amour retenu prisonnier ? Aussi sûrement que les coups reçus, chaque élan retenu nous oppresse. Ce que nous n'aurons pas su donner restera perdu. Définitivement.

J'entends peu ta voix, croise rarement ton regard. Notre relation ressemble à une longue nuit d'hiver, entrecoupée de quelques échappées lumineuses.

Trouver les mots pour se parler librement, avec simplicité, nous sommes si maladroits, désarmés pour cela. Nous restons deux inconnus qui n'ont en commun qu'un seul et même nom, un lien de sang, quelques goûts similaires à certains endroits. Un lien nourri de non-dits, de blancs, de silences. Un lien qui ne s'est pas rompu, qui n'a fait que survivre aux années, sans réel développement, dont chacun ressent la frustration et la blessure.

Les hommes, des flots de paroles incessants, l'hyperactivité. Tu as inventé tes propres subterfuges pour te hisser sur la pointe des pieds, ne pas boire trop souvent la tasse, ne pas te laisser emporter par le raz-de-marée de tes émotions. T'abandonner au silence reviendrait à te laisser submerger, à voir la digue se briser, le niveau des eaux monter trop haut, avec le risque de t'engloutir. Tu aurais voulu la gommer, mais l'enfance est un pays dont tu n'es pas revenu. Ton chagrin n'a pas pris une ride. Pris à ton propre piège, tu as fini par croire à ton propre malheur.

Tes dernières années te permettront-elles de mettre de l'ordre dans tes souvenirs ? Goûteras-tu enfin un présent qui n'est plus aimanté par le passé ?

J'aurais voulu t'apprendre ces gestes teintés d'une infinie lenteur, quand les heures ne filent plus entre nos doigts impatients, te voir apprivoiser celle qui parfois nous accable au beau milieu de la foule mais dont le silence fait une complice de tous les instants, la solitude. Tu y viens doucement, mais préfères encore la cacophonie du monde. Elle te rassure.

De toi, il me restera une voix, un débit de paroles rapide, saccadé, un enfant terrorisé sous les traits d'un visage vieilli, des yeux rieurs derrière lesquels s'abritent tant de larmes.

Officiellement, ton existence est réelle, tu es présent sur le papier. Pourtant, je ne sais où te rejoindre. À ta mort, il y aura le vide. Il est déjà là, encore réversible.

Il nous reste à dessiner des chemins pour abolir la distance, combler les creux, rompre les sortilèges. Chaque pas nous rapproche de cette intersection où nos routes pourront se rejoindre.

J'ai perdu le goût des cœurs meurtris, des bras qui se ferment plus vite qu'ils ne se tendent. C'en est fini de l'amour à distance, des hommes volages, insaisissables. Derrière moi s'évanouissent les nuits d'insomnie. J'en ai fini de rêver pour exister. On ne me prendra plus en flagrant délit d'absence. Cette vie, je ne la délaisserai plus. La chair n'est plus à vif, le présent n'est plus menotté par le passé. Les mauvaises fractures sont maintenant consolidées, l'enfance sur une civière n'a plus court. Je suis sortie de l'état d'urgence.

J'ai appris à vivre le temps autrement que dans une lente agonie. La solitude, un vrai choix désormais. Le matériau nécessaire pour écrire, pour élever la voix sans briser le silence.

Romans et nouvelles d'Europe aux éditions L'Harmattan

ANALPHABÈTE-CONSEIL (L') – Roman
Jakobiak François
Un retraité fort actif, voulant en savoir plus sur le numérique, contacte un brillant ingénieur, spécialiste d'un étrange structuralisme informel à la SERTAZ, Services Tous Azimuts. Mais là, le numérique passe vite à la trappe et le narrateur, poussé par sa curiosité indélébile, se retrouve entraîné dans un tourbillon inattendu...
(22.00 euros, 218 p.)   *ISBN : 978-2-296-96726-7*

BIBLIOTHÈQUE (LA) D'IMAGES – Roman
Poncet Patrick
Mattéo est médecin, spécialisé en fin de vie. Clara, sa femme, décède dans un accident. Il tombe en déprime d'amour, en destruction de vie jusqu'au jour où des phrases électroniques s'ajoutent au livre qu'ils avaient débuté ensemble. Des images égarées dans l'espace, stockées dans la grande bibliothèque du ciel, viennent troubler leur écriture... Entre science et poésie, ce roman nous entraîne dans un univers fantastique où la vie et la mort, l'espace et le temps, la lumière et les ténèbres racontent une histoire peu ordinaire.
(22.00 euros, 242 p.)   *ISBN : 978-2-296-96691-8*

CLEOPÂTRE – Lot d'utopies emportées par le vent
Roman historique
Sauvy Jean, Turpault Marie-Josèphe
Les yeux fixés sur un avenir qui, sans doute, ne chantera pas, nous avons mis en scène, un peu sur le mode de la Commedia dell'arte, des personnages hétéroclites, « hétéroclites » mais que le sort et leurs préoccupations font se rejoindre sur les chemins de l'utopie bien concoctée. Ici et là, se laissant aller à cent et cent pérégrinations, ils peuvent nourrir leurs illusions et fredonner la saint-glinglin. Avant de se laisser reprendre, ou prendre, par les désillusions du quotidien...
(14.00 euros, 132 p.)   *ISBN : 978-2-296-96086-2*

DE LIVRES EN ÎLES – Récit
Guyon Isabelle - Préface de Luc Hazebrouck
Pour ceux qui ont eu la chance de connaître l'ivresse de la lecture depuis l'enfance, aborder *De Livres en îles*, c'est faire naître l'envie de retourner sur le champ dans son grenier personnel, dans sa bibliothèque familiale, ou dans ses cartons de jeunesse. Bâti sur le terrain meuble des souvenirs, ce voyage poétique nous fait toucher du cœur l'importance de cet objet à la fois premier et sensuel, ordinaire et surprenant, essentiel et culturel, que fut, et qu'est sans doute encore, pour la plupart d'entre nous, le livre.
(17.00 euros, 168 p.)   *ISBN : 978-2-296-96738-0*

HIVER GREC – Roman
Nissen Patrick
Stan, peintre à succès, s'offre un voilier et part avec Olga, sa compagne, dans les Cyclades. Yannis le skipper grec est aussi du voyage. Expert en cuisine et en mythologie, il est révolté contre l'Europe et peut-être aussi contre les hommes. Pour Stan, la vie à bord est oppressante. Au-delà du récit et des doutes du narrateur, ce roman nous invite à poser le regard sur la Grèce, celle d'aujourd'hui, pathétiquement mise au ban de l'Europe, et celle d'hier et de toujours, à la source de notre culture.
(Coll. Amarante, 13.50 euros, 118 p.)   *ISBN : 978-2-296-96616-1*

INSOUMIS (L') OU LE CONTE PURITAIN – Mémoires d'hier et d'aujourd'hui
Parlier Liliane
Disciple de Montaigne, l'auteur observe l'existence. Le lecteur est embarqué dans une expérience ontologique qui le fait naviguer entre les formes brèves à la frontière des haïkus, à des chapitres plus amples, récits d'épisodes de vies, poèmes en vers libres, odes à la nature et au rapport cosmique à la beauté du monde.
(Coll. Écritures, 25.00 euros, 300 p.)   *ISBN : 978-2-296-55755-0*

PARTITIONS – Roman
Larking-Coste Denise
Dans ce roman choral, avec précision et concision, Denise Larking-Coste dresse une histoire qui décline la difficulté et l'utopie d'être et d'aimer. Récit intimiste, *Partitions* se construit autour de quatre personnages, dont les fragments de vie se croisent et s'entremêlent. À travers leur voix, elle invoque en filigrane des «livres qui nous accompagnent à un moment précis de la vie, qui lui donnent une coloration particulière...» Car la lecture est au cœur de ce roman.
(Coll. Écritures, 13.50 euros, 126 p.)   *ISBN : 978-2-296-56844-0*

PISTE DU KANGOUROU – Roman
Hauter Jean-Michel
Après une carrière de cadre supérieur dans une multinationale, Alex décide de démarrer une nouvelle vie dans l'hémisphère Sud. En Australie, nous découvrons avec lui que les «clichés de cartes postales» sont aux antipodes d'une vérité beaucoup plus cruelle. Fort bien documenté, ce livre est un témoignage objectif et accablant sur la situation de la «plus ancienne civilisation vivante de notre planète», et sur la politique raciale de l'Australie. Un ouvrage indispensable pour comprendre les enjeux de l'Australie moderne.
(20.50 euros, 206 p.)   *ISBN : 978-2-296-96839-4*

SUR LA ROUTE DES SENTIMENTS – Roman
Paysan Jacqueline
Cette histoire, aux couleurs autobiographiques, relate la vie mouvementée de Sophie, personnage principal d'une vaste saga familiale. Les circonstances de la vie et l'amour la propulsent dans diverses parties du monde, et au sein de milieux sociaux et culturels parfois très différents. Au travers de ses profonds

remous sentimentaux, une constante, la recherche d'un père à peine connu, puis devenu introuvable ou inaccessible, jusqu'à ce qu'une quête inlassable trouve enfin, brièvement, sa récompense.
(24.00 euros, 244 p.)   *ISBN : 978-2-296-96981-0*

VOYAGE (LE) IMPOSSIBLE
Yves Michel
Récit visionnaire où le Québec est devenu un territoire idyllique. Cependant cette prospérité fait des envieux et Mike Liosco va devoir défendre son pays contre ceux qui veulent en saboter l'équilibre. Avec ses amis des villes et des forêts, les Indiens, il tentera de déjouer leurs plans quitte à sacrifier sa vie pour le Québec. Sera-t-il à la hauteur de la tâche ? Quelle machination va-t-il découvrir ?
(11.50 euros, 84 p.)   *ISBN : 978-2-296-56988-1*

UN INSTANT D'ÉTERNITÉ – Roman
Haffner Patrice
Un moment hors du temps, est-ce possible ? Comment retenir le temps qui passe ? Un jeune horloger, inspiré par l'amour d'une femme dont la beauté le subjugue, prétend, pour la séduire, pouvoir suspendre le cours du temps, le temps de l'amour, au moyen d'une horloge magique ayant appartenu, deux siècles auparavant, à un haut dignitaire turc. Mais l'objet merveilleux est subtilisé, et le jeu de l'amour devient le jeu de la mort...
(23.00 euros, 226 p.)   *ISBN : 978-2-296-96853-0*

UN LIEU À SOI
Beaumont du Gâtinais-Cannes
Toubiana Line, Point Marie-Christine
Préface d'Henri Raczymouv
Un lieu à soi propose une écriture croisée sur deux lieux très différents, Cannes, la ville phare du cinéma, et Beaumont du Gâtinais, petit village ignoré en campagne française. À travers cette ronde toponymique où l'être et le lieu se confondent, les auteurs s'adonnent à un voyage intime et passionné où chaque halte est l'occasion d'un échange. Comment, à travers un jeu d'oppositions et d'échos symboliques, ces deux lieux parviennent-ils à se construire une identité propre et originale ?
(21.00 euros, 198 p.)   *ISBN : 978-2-296-96838-7*

24
Thriller
Lecocq Jean-Michel
Nous sommes en 1572, le 24 de chaque mois, le cadavre d'un homme est retrouvé dans une église de Paris. Quand certains accusent la Cour des miracles, d'autres mettent en cause les Réformés, d'autres encore les Catholiques ultras. Vincenzo va mener l'enquête, parviendra-t-il à démasquer celui que l'on appelle le Scarificateur ? En même temps qu'un thriller palpitant, ce livre offre au lecteur un panorama de la capitale à la fin du XVIe siècle ainsi qu'une peinture réaliste de la société à la veille de la Saint-Barthélemy.
(21.00 euros, 206 p.)   *ISBN : 978-2-296-97000-7*

DAMNÉS (LES) DE LA RÉPUBLIQUE
Guillaume Gildard
Dans les années 1872 et suivantes, un menuisier-ébéniste du faubourg Saint-Antoine, un journaliste lyonnais et un avocat, sont pris dans la tourmente de la Commune de Paris et déportés, avec des milliers d'autres, en Nouvelle-Calédonie, certains à l'île des Pins, les plus durs au bagne de l'île Nou et les plus chanceux sur la Grande Terre. Ils y connaîtront l'enfer. Quelles forces pourront les sauver ?
(Coll. Roman historique, 30.00 euros, 304 p.)   *ISBN : 978-2-296-56951-5*

DESCENTE DE L'ARBRE – Roman
Rouquier André Louis - André Sandral (pseudo)
Charge très délicate, en 2008, pour un «nègre» sans illusions, que la biographie d'un «blouson doré» soixante-huitard qui a lui-même écrit sur le vif le récit de sa vie de renégat. Puisqu'il est mort pourquoi ne pas lui chaparder son texte, le mettre à la sauce du jour ? Trop simple, la supercherie ! Voilà que le présent entraîne le «héros» dans un mystérieux feuilleton. Qui manipule qui ? Pourquoi?
(Coll. Ecritures, 28.50 euros, 288 p.)   *ISBN : 978-2-296-96956-8*

FELICITE LANGUISSANTE ET AUTRES FABLES
Souchon Henri
Toute expression est stratégique. Une quête de soi dont l'autre serait le prétexte. Une résonance, inquiète ou confiante mais toujours suggérée en alternant les masques dans une danse des sept voiles jetés sur l'indicible. Ici, ce sera une galerie de portraits traités sur le mode du conte, de la fable, de la légende. S'y reconnaître exige de la lucidité et beaucoup d'humour.
(Coll. Ecritures, 23.00 euros, 238 p.)   *ISBN : 978-2-296-56855-6*

HERBE (L') FOLLE DE L'ENVIE – Roman
Ferrandi Jean-Luc
Dix ans après, Julie revient sur son adolescence, une période incertaine de sa vie, jalonnée par la présence intermittente d'un poète dilettante, séducteur hésitant, et celle de ses textes. Malraux et Céline, l'Italie de Léopardi, le Père-Lachaise forment un arrière-plan bigarré à ce récit en forme de long préliminaire amoureux, un brin nostalgique d'un temps où les poèmes s'écrivaient encore sur des bristols.
(16.50 euros, 160 p.)   *ISBN : 978-2-296-96699-4*

LEOCADIA ET AUTRES PETITS ÉLOGES DE LA MÉLANCOLIE
Redon Michel
Voici un recueil original de nouvelles parfois graves, parfois grinçantes, qui nous embarquent en douceur pour un voyage étrange depuis l'Amérique du Sud jusqu'aux rives du Tage. On y reconnaîtra à bord quelques écrivains que l'auteur affectionne, comme Jorge Amado et Antonio Tabucchi, ou encore Fernando Pessoa. Voyage à faire, pour ceux qui ont au coeur et au ventre de grands départs inassouvis...
(Coll. Ecritures, 14.50 euros, 140 p.)   *ISBN : 978-2-296-56849-5*

L'Harmattan, Italia
Via Degli Artisti 15; 10124 Torino

L'Harmattan Hongrie
Könyvesbolt ; Kossuth L. u. 14-16
1053 Budapest

Espace L'Harmattan Kinshasa
Faculté des Sciences sociales,
politiques et administratives
BP243, KIN XI
Université de Kinshasa

L'Harmattan Congo
67, av. E. P. Lumumba
Bât. – Congo Pharmacie (Bib. Nat.)
BP2874 Brazzaville
harmattan.congo@yahoo.fr

L'Harmattan Guinée
Almamya Rue KA 028, en face du restaurant Le Cèdre
OKB agency BP 3470 Conakry
(00224) 60 20 85 08
harmattanguinee@yahoo.fr

L'Harmattan Cameroun
BP 11486
Face à la SNI, immeuble Don Bosco
Yaoundé
(00237) 99 76 61 66
harmattancam@yahoo.fr

L'Harmattan Côte d'Ivoire
Résidence Karl / cité des arts
Abidjan-Cocody 03 BP 1588 Abidjan 03
(00225) 05 77 87 31
etien_nda@yahoo.fr

L'Harmattan Mauritanie
Espace El Kettab du livre francophone
N° 472 avenue du Palais des Congrès
BP 316 Nouakchott
(00222) 63 25 980

L'Harmattan Sénégal
« Villa Rose », rue de Diourbel X G, Point E
BP 45034 Dakar FANN
(00221) 33 825 98 58 / 77 242 25 08
senharmattan@gmail.com

L'Harmattan Togo
1771, Bd du 13 janvier
BP 414 Lomé
Tél : 00 228 2201792
gerry@taama.net

588268 - Novembre 2014
Achevé d'imprimer par